EINHARD
(UM 770–840)

DIPLOMAT, VERTRAUTER
UND BIOGRAPH KARLS D. GR.

SCHNELL + STEINER

Einhard (um 770–840)

Diplomat, Vertrauter und Biograph Karls d. Gr.
Bauherr, Klostergründer, Sagenheld, Europäer

Wer war Einhard? Literat und Biograph Karls des Großen? Diplomat und Höfling in Aachen? Baufachmann und Kunstkenner? Großgrundbesitzer und Laienabt? Klostergründer und Erbauer zweier Kirchen? Schon die zahlreichen Tätigkeiten und Talente, die Einhard von seinen Weggefährten zugeschrieben wurden, machen deutlich, dass wir es mit einem außergewöhnlich vielseitig begabten Menschen zu tun haben.

Die Quellenlage zu Einhard ist – gemessen an der überschaubaren Menge an Primärquellen des 9. Jh. – nicht ungünstig. Die Vorstellung, die wir daraus von ihm gewinnen, setzt sich aus einer Menge von Äußerungen unterschiedlichster Art zusammen, die sich erst in der Gesamtschau zu einem Mosaikbild seiner Persönlichkeit und seines Lebens zusammenfügen.

Herkunft

Man hat in den Schenkungsurkunden, die Einhard während der Jahre 788–796 im Kloster Fulda als Schreiber angefertigt hat,

▶ *Einhard (links) und Karl der Große (rechts) in einer Handschrift der 'Grandes Chroniques de France', spätes 14. Jh.*

Hinweise auf seine Familie und deren soziale Stellung zu finden gesucht. Daher überprüfte man den Inhalt dieser Urkunden und die Personen, die in ihnen als Schenker oder Zeugen genannt sind, im Hinblick auf etwaige Beziehungen zu Einhard. Da Einhard in den betreffenden Urkunden sich selbst als Schreiber vermerkt hat, liegt es nahe, hier persönliche Verbindungen zu vermuten.

Unter den sechs nachweislich von Einhard geschriebenen Urkunden ist vor allem eine zu nennen, in welcher ein Einhart und seine Ehefrau Engilfrit ihren Besitz in Urithorphe (Euerdorf an der Saale, LK Bad Kissingen) nach ihrem Tod dem Kloster Fulda vermachen. Man sieht in diesem Ehepaar die Eltern Einhards. Dazu passt, dass Hrabanus Maurus, Leiter der fuldischen Klosterschule und später Freund Einhards, in dessen Grabinschrift (Epitaph) über diesen mitteilt, Einhards Vater habe ebenfalls Einhard geheißen. Als gesichert kann jedenfalls gelten, dass Einhards Familie im weiteren Umkreis von Fulda lebte und zum fränkischen Adel gehörte. So schreibt auch Walahfrid Strabo, ein Schüler des Hrabanus Maurus in Fulda und später Abt des Klosters Reichenau, in einem Vorwort zu Einhards ›Vita Caroli Magni‹, Einhard sei in Ostfranken, und zwar im Maingau, gebo-

pour la pris conuertir de leur seigneur z
du roy et puis auient il retourna e sice
Le x· comcure le roy entra en bauiere
a xi· ou xii· parties· z auint le duc thaf
siles su humiliez par zadur
Le xii· le derrenier du priner liure co
ment le roy ostoia sur les huns a xi· fai
re de oz coment il destruit toute cele regio
z sen retourna a grant victoire aps ce le
xiie chapitre larcheuesque de ehylere de la
espiration que zepin son ainsne filz fist
ere li· Du conseil que le roy assembla po
trempier lerrise eschaunte et puis que li
ostoia de rechief contre les saisnes
Le prumer chapitre parle qui cestui fu qui les
gestes descript et la meniere du viure des
anciens roys de france

ment que le doutai et meiment ceulz
q il fist puis que il uint a terre tenir· z q
il ot recru son roiaumme· car ceulz ne sot
pas en memoire qui fist ou temps de sesur
ce en espigne entour galaste le roy de tho
lete· si est profitable chose de retenir pescrip
ture les victoires et les fais de si grant pui
ce· pour ce que les noms et la renomee ne
soit mise en oubli· si que le roys z les pri
ces cresdens preingent example a ses fais
z a sa uisacion· Quiec[?] eclipse me samblast
estuit laissier cele enure p mo deffaut
p ma negligence· car le saune q nul ni
ne les poit sauoir plus cuitement de moi
qui psent le auoie este er veu de mes pro
pres iex· et bien pensoie que nul autres de
moi ne les auoit escriz· Une autre cause

ennience la vie z les no
bles fais du glorieus pi
ce charlemaine le grat et
cript z baille en prie pla
main egnaltart son chap
lain en prie pur lestude turpin larceuesq
que de rains qui psens surent auec li p
tours ses fais en diuers temps z sont tes
moins de sa vie et de sa coniusacion· Eil
egnault· nous descript sa vie iusqs as fais
despigne· Le seurplus nous trueue sur
pin larceuesq· iusques en la fin de sa vie
etauc des choses qui auindrent puis ali
tours iours su psent auec int· Se tu
eginalt chapelain et nourri ou palais mo
seigr· le victorieus princes· z le tres renome
lempire charles· ai pose a descrire ses
meurs z sa vie a laide mon au plus brief

ensoiable me iuue qui bn doit sour
sir toute seule a ce que ie soie tenu a des
crire sa vie ce que il me nourri z la tres
grant amour que il ot touz iours a moy
z a tous· ses enfans puis cele bien
uellance q il mesmes a moustret e so
palais q me continue et lie a ce q ie
monstre p euures apres sa mort· la lone
volente q ie oi a lui quant il viuoit z se
ie ne note· z courables dingnitude se ie
ne me recognoiusse aus honneurs z aus
bnfaices q il me fist en sa vie· Et endroit
nous couuient auques touchier briesue
ment· choses qui deuant ont este dites
p plus plainemet descendre a mre matie
re· La genuacion des merouees de la quel
le les franczois soloient prendre le roys
iaduita iusqu au temps dun roy qui ot

ren, habe seine Knabenzeit als Zögling der dortigen Klosterschule verbracht und sei vor allem wegen seiner Talente, nicht wegen seiner adeligen Herkunft nach Aachen geschickt worden.

Eine andere fuldische Urkunde, in der Einhard diesmal als Zeuge, nicht als Schreiber auftritt, mag in diesem Zusammenhang von Belang sein: In ihr überträgt ein Egilolf (ein Agilolfinger?) dem Kloster Fulda umfangreichen Besitz in fünf Gauen. Der hier u. a. genannte Ort Truosnasteti (Trunstadt bei Bamberg) führt insofern zu Einhard, als die dortige Pfarrkirche den hll. Marcellinus und Petrus geweiht ist und Reliquien der beiden römischen Märtyrer besitzt; diese wiederum hatte Einhard 827 aus Rom für seine geplante Kirche in Michelstadt/Steinbach beschafft. Davon könnten Reliquienteile über Egilof, einen Verwandten (?) Einhards, nach Trunstadt gelangt sein. Denn Einhard verschenkte auch sonst Teile seines Reliquienschatzes an Freunde und Gönner. Auch ein Bittbrief Einhards von 832 an einen Würzburger Priester Egilolf könnte mit seiner verwandtschaftlichen Beziehung zu den Agilolfingern zu tun haben.

Einhard als Schüler in der Klosterschule von Fulda

Das Geburtsjahr Einhards ist nicht bekannt. Allgemein nimmt man die Jahre um 770 an. Ebenso wenig weiß man, wann Einhard in die fuldische Klosterschule eintrat. Sie war, als der junge Einhard hier Aufnahme fand, die bedeutendste Bildungsstätte im östlichen Frankenreich. Die Abtei war kurz nach ihrer Gründung im Jahr 744 unmittelbar dem Papst unterstellt worden (751). Auf dieses Privileg gestützt hatte Abt Sturmius sich für sein Kloster den Leichnam des 754/755 in Friesland den Märtyrertod gestorbenen Missionars Bonifatius gesichert, obwohl dieser nach dem Willen des Mainzer Bischofs Lullus in Mainz, wo er einst Bischof gewesen war, bestattet werden sollte. Für Fulda sprach, dass Bonifatius selbst wünschte, in dem Kloster, das er gegründet hatte, seine letzte Ruhe zu finden. Das Märtyrergrab des überaus populären Missionars Bonifatius brachte dem Kloster neben viel Zulauf von Pilgern auch eine Flut von Schenkungen ein, so dass Fulda binnen kurzem zu einem umfangreichen Landbesitz und damit zu Reichtum und Macht gelangte. Die herausragende Stellung Fuldas im 9. Jh. spiegelte sich auch in der Reichhaltigkeit seiner Klosterbibliothek wider, in der bis zu 2000 Handschriften, darunter klassische und spätantike Autoren wie etwa Tacitus, Sueton, Vergil oder Ammianus Marcellinus, zu finden waren. In dieser von antiker Tradition und Gelehrsamkeit gesättigten Atmosphäre fand der junge Einhard die geistige Nahrung, nach der sein wacher, aufnahmefähiger Geist verlangte. Unter ihrem Leiter und späteren Abt Hrabanus Maurus (um 780–856) erlebte die Schule in der ersten Hälfte des 9. Jh. ihre Glanzzeit, und Einhard, der auch später noch Verbindung zu Hrabanus hielt, bewahrte zeitlebens Dankbarkeit gegenüber der Klosterschule, die ihn geprägt hatte.

In Fulda hat Einhard wahrscheinlich den üblichen Bildungsgang durchlaufen, also die ›7 Freien Künste‹ studiert, die aus zwei Teilen bestanden, dem ›Trivium‹ und dem ›Quadrivium‹. Jenes umfasste die sprachlichen Fächer (Grammatik, Rhetorik, Dialektik), dieses die naturwissenschaftlichen (Arithmetik, Geometrie,

Astronomie und Musik). Hier eignete sich Einhard u. a. auch das Wissen über die römischen Klassiker an, das ihn später befähigte, die Lebensbeschreibung Karls d. Großen so zu gestalten, dass sie stilbildend für den Typus der (Kaiser-)Biographie schlechthin wurde.

Einhards Talente veranlassten Baugulf, von 779 bis 802 Abt von Fulda, seinen herausragenden Schüler an den Aachener Hof zu entsenden. Ob Baugulf dies aus freiem Ermessen tat oder ob er einer Aufforderung König Karls nachkam, sei dahingestellt. Letzteres ist wahrscheinlicher, da in den Bildungsstätten die Bestrebungen Karls bekannt waren, die besten Köpfe aus allen Teilen des Landes an sich zu ziehen. Walahfrid Strabo schreibt, der König sei stets darauf erpicht gewesen, kluge Menschen (*sapientes*) aufzuspüren und zu fördern; auf diese Weise sei es ihm gelungen, das ihm von Gott anvertraute Frankenreich, welches bis dahin in Nebel und sozusagen blind darniederlag, erstmals mit den Strahlen der Wissenschaft und höherer Gesittung zu erleuchten. Baugulf habe Einhard daher mehr wegen seiner einzigartigen Fähigkeiten und Intelligenz, die damals schon Großes erwarten ließen, als aufgrund seiner vornehmen Herkunft nach Aachen geschickt. So kam um das Jahr 796 Einhard als etwa 25jähriger Mann an den Aachener Hof.

Einhard als Höfling in Aachen

Einhard hatte das Glück, zu einer Zeit an den Hof Karls des Großen zu kommen, als die Turbulenzen der Machtsicherung erfolgreich beigelegt und die schweren Kämpfe mit Sachsen, Awaren und Bayern beendet waren.

Der Neuling muss sich in der neuen Umgebung erstaunlich rasch zurechtgefunden haben. Wir wissen nicht, ob ihm Empfehlungsschreiben von Gönnern oder Freunde vor Ort den Weg in den Kreis der Hofgesellschaft geebnet haben. Obwohl Einhard nie ein reguläres Hofamt bekleidete, das seinen Aufgabenbereich definiert und abgesteckt hätte, gehörte er doch bald zu dem inneren Zirkel der Gebildeten, die untereinander und mit Karl d. Großen in regem Austausch standen. Hier war Einhard, der in Alkuin (735–804), dem unbestrittenen Oberhaupt des Gelehrtenkreises, einen guten Lehrer und Freund fand, bald einer der ihren. Dass er mit seiner soliden Ausbildung in Fulda noch viel zu lernen hatte, ist unwahrscheinlich.

Welche Rolle Alkuin sich in der Hofschule selbst zumaß, teilt er in einem Brief an Karl d. Gr. mit: »Eurem Willen und Wunsch entsprechend arbeite ich jetzt [in Tours] daran, die einen mit dem Honig der Heiligen Schrift zu laben und die anderen mit dem klaren, alten Wein der Wissenschaft des Altertums zu tränken; manche nähre ich mit den Früchten grammatikalischer Feinheiten, und wieder andere unterweise ich in der Wissenschaft von den Sternen, die wir vom Dach irgendeines Gebäudes aus beobachten. Im Morgen meines Lebens, in den blühenden Jahren des Lebens säte ich in Britannien. Und jetzt, an meinem Lebensabend, wo das Blut in meinen Adern abkühlt, höre ich nicht auf, im Frankenreich zu säen. Mein Wunsch geht dahin, dass beide Saaten aufgehen.«

In der Runde gleichgesinnter Männer traf man sich zu vertrautem Verkehr. Der Umgang miteinander wurde dadurch erleichtert und geprägt, dass Alkuin jedem seiner Mitglieder einen Beinamen gab.

Dadurch entstand eine besondere Exklusivität, gewissermaßen eine ›geschlossene Gesellschaft‹. So hieß beispielsweise Karl der Große *David*, Alkuin nach dem Dichter Horaz *Flaccus*, Angilbert *Homer*, Hildebald nach dem Hohepriester *Aaron* usw.; auch Einhard erhielt ein vielsagendes Pseudonym und wurde *Beseleel* genannt, nach dem Erbauer der Stiftshütte im Alten Testament. Dort heißt es: »Dann sagte Mose zu den Israeliten: Seht, der Herr hat Bezalel... beim Namen gerufen und ihn mit dem Geist Gottes erfüllt, mit Weisheit, Klugheit und Kenntnis für jegliche Arbeit, Pläne zu entwerfen und sie in Gold, Silber und Kupfer auszuführen und durch Schneiden und Fassen von Steinen und durch Schnitzen von Holz allerlei Kunstwerke herzustellen.«

An diesen Namen knüpft sich die Ansicht, Einhard sei im Wesentlichen mit Aufgaben der Leitung oder Ausführung königlicher Bauten und Aufgaben des Kunsthandwerks in den Aachener Werkstätten betraut gewesen. Man hat ihm sogar die Errichtung der Kaiserpfalzen in Aachen und Ingelheim und der dortigen – auf römischen Fundamentresten ruhenden – hölzernen Rheinbrücke zugeschrieben, die 813 abbrannte. Die Zeitgenossen bleiben in diesem Punkt unbestimmt. Walahfrid nennt Einhard in seinem Gedicht über das Standbild Theoderichs, das Karl 801 nach Aachen hatte bringen lassen, den »Beseleel, der geschickt jedes Werk der (Kunst-)Handwerker erdachte.« Bei Hrabanus Maurus heißt es im Epitaph zu Einhard, Karl d. Gr. habe durch Einhard viele Werke (*multa opera*) geschaffen. Und in der Geschichte der Äbte des Klosters St. Wandrille, dessen Laienabt Einhard zwischen 817 und 822 gewesen war, lesen wir, Abt Ansegis, der Nachfolger Einhards, habe in seiner Jugend in Aachen unter Abt Einhard (*sub Einhardo Abbate*) als Ausführender königlicher Werke (*exactor operum regalium*) gewirkt.

▲ *Büste von Karl dem Großen, aus dem Aachener Domschatz.*

◀ *Innenansicht des Aachener Doms.*

Das einzige bekannte dieser ›Werke‹ (*opera*), das von Einhard selbst entworfen oder gar angefertigt wurde, ist der sogenannte ›Einhardsbogen‹ (*arcus Einhardi*). Es handelt sich hierbei um den Sockel eines Kreuzes in Gestalt eines antiken Triumphbogens, der mit Figuren aus getriebenem Gold oder Silber geschmückt war. Eine Inschrift verweist auf »Einhard, den Sünder, der diesen Bogen zu Ehren Gottes herstellen ließ.« Das Kreuz hatte Einhard für das Kloster St. Servatius in Maastricht gestiftet, wo er ab 815 Laienabt war. Kreuz und Sockel sind verschollen; es existiert jedoch von diesem Triumphbogen eine Zeichnung des 17. Jh., die erst 1948 entdeckt wurde.

▲ *Zeichnung des ›Einhardbogens‹, 17. Jh.*

Was auch immer unter ›Werke‹ (*opera*) zu verstehen ist, Einhard war jedenfalls bald nach 796 ein angesehenes Mitglied der Hofgesellschaft. Das zeigt sich auch in den respektvoll-spöttischen Bemerkungen über Einhards Äußeres. So hat Walahfrid in seinem Prolog zur Karlsvita Einhard einen ›homuncio‹ genannt, der trotz seiner unansehnlichen Gestalt (*statura despicabilis*) ein so hohes Ansehen genieße, dass der Kaiser niemandem mehr Geheimnisse anvertraut habe als Einhard. Derselbe Walahfrid rühmt Einhard auch mit den

Versen: »Denn wer von den Großen hat je Größeres empfangen als das, was zu unserer Verwunderung durch dieses kleine Männlein (homullus) erstrahlt?« (Übersetzung G. Binding). Die Wörter ›*homuncio*‹ und ›*homullus*‹ könnte man fast mit ›Zwerg‹ oder ›Gnom‹ übersetzen.

Auch Alkuin und Theodulf, ebenfalls Mitglieder der Hofgesellschaft, geben dem Erstaunen darüber Ausdruck, dass in einem so kleinen Körper ein so großer Geist wohne. Beide nennen Einhard mit seinem Spitznamen *Nardus* bzw. *Nardulus*. Dieser Name leitete sich von dem ähnlich klingenden ›Einhardus‹ her und spielte auf die segensreiche Wirkung der Narde (lat. nardus, dt. Speik) an; diese liefert mit ihren Wurzeln und Stängeln das seit dem Altertum begehrte und hochgeschätzte Duft- und Heilöl. Auch Jesus wurde beim Gastmahl von Maria mit Nardenöl gesalbt, während die geschäftige Martha in der Küche zugange war. Alkuin reimte auf Einhard = Nardus folgenden Türspruch: »Die Tür ist klein, und klein ist auch der Bewohner des Hauses. Doch verschmähe den Nardus nicht, oh Leser, in seinem kleinen Körper! Denn die Narde duftet stark mit ihren ährengleichen Blüten. Die Biene bringt dir hervorragenden Honig mit ihrem kleinen Leib. Siehe, klein ist auch die Pupille der Augen, aber sie lenkt die Tätigkeiten eines lebhaften Körpers. So regiert Nardus selbst sein ganzes Haus.« Alkuin war es auch, der in einem Gedicht, worin er die Größen der Aachener Hofschule preist, die Frage aufwirft, weshalb Beleel (= Einhard), der sich in den homerischen Oden so gut auskenne, nicht ein Lehramt in der Schule innehabe. Und Theodulf, der in einem Gedicht auf ›König Karl‹ dessen Hofstaat portraitiert, schreibt über *Nardulus*, dass dieser eilenden Schrittes hin und her laufe wie eine Ameise und bald Bücher, bald Kunstwerke (*res operosas*) umhertrage. Sein kleines Haus indes werde von einem großen Gast bewohnt und große Dinge reiften in den Tiefen seiner kleinen Brust. Einhard selbst hat später mit seiner Kleinwüchsigkeit kokettiert, indem er gelegentlich die übliche Bescheidenheitsfloskel ›meine Wenigkeit‹ (*mea parvitas*) durch ›meine Winzigkeit‹ (*mea pusillitas*) ersetzte. Vielleicht sind die nimmermüde Energie und der Ehrgeiz, die Einhard innewohnten, u. a. auch darauf zurückzuführen, dass er das als Mangel empfundene körperliche Defizit durch herausragende Leistungen auf anderen Gebieten zu kompensieren suchte, ein Phänomen, das bei physisch Beeinträchtigten öfter zu beobachten ist; man denke nur an Prinz Eugen von Savoyen, Adolph Menzel oder Anton Bruckner.

Einhard als politischer Berater Karls des Großen

Mit dem Hinweis auf technisch-künstlerische Arbeiten ist Einhards Wirken in Aachen jedoch nicht erschöpfend gekennzeichnet. Wichtiger als diese war seine politisch beratende Tätigkeit an Karls Hof. Wie nahe Einhard dem Kaiser stand, erhellt etwa aus der Schilderung der Kaiserkrönung am Weihnachtsfest in Rom im Jahr 800: Einhard schreibt in seiner Karlsvita, Karl hätte den Gottesdienst trotz des hohen Feiertags nicht besucht, wenn er von den Absichten Papst Leos vorher gewusst hätte. Solche Interna erfuhr man nicht auf dem offenen Markt, sondern dies war eines der ›Geheimnisse‹ (*secreta*), die Karl nur den engsten Vertrauten zusteckte.

802 finden wir Einhard in einer Liste von Vertrauensleuten, die 37 Geiseln zur Si-

cherstellung des Wohlverhaltens der Sachsen in ihre Obhut nehmen und später in Mainz dem Kaiser vorführen (präsentieren) sollten. Einhard wurden ein *Fridamundus* und ein *Macrinus* zugeteilt, Söhne vornehmer Familien aus dem Stamm der Engern (*Angrarii*).

In die große Politik war Einhard auch 806 eingebunden. Damals ging es um die künftige Formierung des Reiches, d. h. in erster Linie um die Regelung der Nachfolge im Falle eines plötzlichen Todes Kaiser Karls. Die darüber ausgestellte Urkunde in 20 Artikeln – sie ist als *Divisio Regnorum* bekannt und ausgestellt am 6. Februar 806 – war als Karls Testament gedacht und bestimmte, welchen Reichsteil jeder seiner drei Söhne erhalten sollte. Für Karl, den Ältesten und vorgesehenen Nachfolger des Kaisers, war das Kernland, nämlich das alte Frankenreich mit Karls Erwerbungen in Sachsen und Alemannien bestimmt, Pippin bekam Bayern, Alemannien südlich der Donau, den gesamten Alpenraum und das Königreich Italien. Mit dem übrigen Frankenreich, also Aquitanien und Burgund, wurde Ludwig abgefunden. Weitere Artikel regelten die Einzelheiten des ausgehandelten Familienverbunds.

Einhard wurde ausersehen, dieses Dokument Papst Leo in Rom zu unterbreiten und seine Zustimmung zu erlangen. So lernte Einhard auch die ›ewige Stadt‹ kennen. Ob er das damals noch vorhandene Helena-Mausoleum und die ihm benachbarte Tiburtiuskirche aufsuchte, aus deren Katakombe die später von ihm nach Seligenstadt überführten Märtyrer Marcellinus und Petrus stammten, wissen wir nicht.

▲ *Das Helena-Mausoleum in Rom.*

813, als Einhard wiederum führend an einer hochpolitischen Entscheidung beteiligt war, hatten Schicksalsschläge die letzten Lebensjahre des Kaisers schwer verdüstert. 810 waren sein Sohn Pippin, 811 auch Karl, der Erstgeborene und *Hoffnung und Stolz des Reiches*, verstorben. Die Reichsteilungspläne von 806 waren damit gegenstandslos geworden. Der Kaiser berief daher 813 eine Reichsversammlung nach Aachen ein. Deren Verlauf könnte man tragikomisch nennen: tragisch, weil der alte Kaiser nach dem Verlust zweier tüchtiger Söhne dem unfähigsten, Ludwig, seine Nachfolge überlassen musste. »Dass die Zukunft des Reichs nun in die Hand des jüngsten Sohnes gelegt war, der für die großen, seiner harrenden Aufgaben nur seine Schwäche und seine Unfähigkeit mitbrachte, war ein tragisches Geschick, das den Kaiser traf«, urteilt der Historiker Engelbert Mühlbacher. Komisch insofern, als Einhard sich wortreich für Ludwigs Nachfolge einsetzte, obwohl eine Alternative zu Ludwig nach Lage der Dinge gar nicht bestand, es sei denn, man hätte die fränkische Rechtsordnung über den Haufen geworfen. Über den Auftritt Einhards wissen wir nur vom Hofpoeten Ermoldus Nigellus; nach ihm hat Einhard Ludwig vor dem Kaiser als denjenigen gepriesen, der sein Reich mit Waffen, mit Überlegung und Treue beisammenhalten werde, was in der Rückschau wie Ironie, ja, blanker Hohn klingt. War Einhard vom alten Kaiser zu seinem Votum gedrängt worden, damit Ludwigs Nachfolge wenigstens als einhelliger Wunsch des Volkes betrachtet werden könnte? Oder hat Einhard, klüger als andere, vorausgesehen, dass nach Karls Tod Köpfe rollen würden, und rechtzeitig auf den kommenden Mann gesetzt, um sich dessen Gunst zu sichern?

Sicher ist, dass Ludwig der Entourage des Kaisers stark misstraute, weil er die Vorbehalte des Hofes ihm gegenüber wohl kannte. Mangels einer Alternative wurde Ludwig im Jahr 813 in Aachen von Karl zum Mitkaiser gekrönt. Als der Kaiser 814 im Alter von 70 Jahren starb, musste sich erweisen, ob Ludwig seinem großen Vorgänger gleichkommen würde.

Einhard und die Reichskrise unter Ludwig d. Frommen

›Neue Besen kehren gut‹, weiß der Volksmund, und alsbald begann der erwartete Kehraus. Ludwigs Schwestern und Halbbrüder wurden des Hofes verwiesen und in Klöster gesteckt, die alten Gefährten Karls verloren Ämter und Macht. Ein möglicher Rivale, Ludwigs Neffe Bernhard, König von Italien, wurde 817 geblendet und überlebte diese Verstümmelung nur drei Tage. Neuer ›Spiritus Rector‹ am Hofe wurde der gelehrte Abt Benedikt von Aniane, Ludwigs Vertrauter aus Aquitanien. Unter seinem Einfluss wurde der Kaiser zu ›Ludwig, der Mönch‹; erst nach seinem Tod hieß er ›der Fromme‹.

Nur Einhard vermochte sich in seiner bisherigen Stellung zu behaupten. Für Walahfrid war das eine unglaubliche Leistung. Einhard habe sich »durch eine so wunderbare und fast von Gott gelenkte Abwägung [der Risiken] so geschützt, dass er den Ruf der Untadeligkeit, der vielen sonst Neid erregte und ihren Sturz herbeiführte, weder einbüßte noch unheilbaren Gefahren aussetzte«. Nun zahlte sich für Einhard seine Fürsprache zugunsten Ludwigs in der Reichsversammlung von 813 aus; seine Position war so gefestigt, dass er sich sogar die Belohnung auswählen durfte: Er wünschte und erhielt 815 die *villa Michelstadt*, die er offenbar von früher her kannte, und Ludwig gab ihm obendrein noch die *villa Mulinheim* am Main dazu. Damit nicht genug, erhielt Einhard auch noch mehrere Klöster angewiesen, deren Einkünfte ihm als Laienabt zuflossen. 817 wurde Einhard sogar zum politischen Berater des damals 22jährigen Kaisersohns Lothar ausersehen. Den Machtwechsel von 814 hatte Einhard also nicht nur unbeschadet überstanden, sondern er hatte sich eine Stellung am Hofe aufgebaut, die es vielen, die ein Anliegen beim Kaiser vorbringen wollten, geraten schien, Einhard um seine vermittelnden Dienste zu bitten. Einhards Briefe zeugen davon, dass er diesen Wünschen oft entsprach.

Dass sich dennoch nach 814 Einhards persönlicher Horizont verdunkelte, lag daran, dass nun zusammen mit Ludwig ein Mann die Aachener Bühne betrat, der in allen Belangen – Herkunft, Bildung, Fähigkeiten, Ehrgeiz – Einhard so ähnlich war, dass beide fast unausweichlich zu Rivalen werden mussten. Dieser Mann war Hilduin.

Denn der ›Hof‹, das war ja nicht nur die Gelehrtenrepublik, in der theologische, philosophische, künstlerische und literarische Themen geistreich erörtert wurden, das war auch die Schlangengrube der Intrigen und der Hahnenkämpfe um die Gunst des Herrschers. Zu Lebzeiten Karls war diesem negativen Aspekt des ›Hofes‹ kaum Raum gegeben, umso mehr trat er jedoch in Erscheinung, als Karls Sohn Ludwig die Nachfolge antrat.

Hilduin war vermutlich um 818 als Günstling Ludwigs d. Fr. nach Aachen gekommen; bereits 814 hatte der Kaiser ihm das Kloster St. Denis (heute Stadt St. Denis) verliehen, Krönungsort und Grablege der fränkischen Könige. Wer diesem Kloster, dem Haupt aller Kirchen des Reiches, vorstand, galt als Primas des gesamten fränkischen Klerus. Als 819 Hilduin auch noch zum Erzkanzler ernannt wurde, sah sich Einhard endgültig deklassiert und in die zweite Reihe versetzt. Fortan begleitete nämlich Hilduin den Kaiser bei allen wichtigen Auftritten, so z. B. 826 bei der feierlichen Taufe des Dänenkönigs Heriod in Mainz, von welcher der Dichter Ermoldus Nigellus berichtet.

Vielleicht löste dieser als Zurücksetzung empfundene Aufstieg Hilduins auch die schrittweise vollzogene Abkehr Einhards vom Aachener Hofe aus, die u. a. auch dadurch beglaubigt wird, dass Einhard um 820 in Michelstadt, dem vorgesehenen Altersruhesitz, seine Basilika zu bauen begann.

Deutlicher tritt die Rivalität zwischen Einhard und Hilduin zu Tage, als es letzterem gelang, 826 die Gebeine des hl. Märtyrers Sebastian, ein Geschenk Papst Eugens II., in eines der ihm unterstellten Klöster, nämlich nach Soissons ins dortige St. Medarduskloster zu überführen. Kaiser Ludwig eilte sofort nach Soissons, um dem Heiligen seine Reverenz zu erweisen; überall erregte diese Überführung (*translatio*) im Frankenreich großes Aufsehen und fand in den Chroniken der Zeit ein vielfaches Echo. So berichten etwa die fränkischen Reichsannalen zum Jahr 826 wortreich über das Ereignis: »Hilduin... erhielt auf seine inständigen Bitten von [Papst] Eugenius... die Gebeine des hl. Märtyrers

---

▼ *Der Thron Karls des Großen im Aachener Dom, um 800.*

Sebastian. Er setzte sie in der Kirche des hl. Medardus zu Soissons bei. Solange sie hier noch unbestattet neben dem Grab des hl. Medardus lagen, geschahen so viele Zeichen und Wunder und durch die Gnade Gottes erwies sich im Namen dieses hl. Märtyrers eine solche Fülle von Wunderkräften in allen möglichen Heilungen, dass sie über den schwachen menschlichen Glauben hinausgehen würden, wenn es nicht gewiss wäre, dass unser Herr Jesus Christus, für welchen bekanntlich der heilige Märtyrer sein Leiden auf sich nahm, alles was er will, tun kann, vermöge der göttlichen Allmacht, in der ihm alle Kreatur im Himmel und auf Erden untertan ist.«

Diesem Prestigeerfolg des Konkurrenten musste Einhard dringend etwas entgegensetzen, zumal Hilduin plante, auch den hl. Tiburtius, den Leidensgefährten Sebastians, nach Soissons zu holen und zu diesem Zwecke schon einen Reliquienhändler nach Aachen bestellt hatte. Als Einhard davon hörte, nahm er umgehend ebenfalls Kontakt zu diesem Reliquienhändler auf und wurde rasch handelseinig. Auch Einhard würde für seine vor der Fertigstellung stehende Kirche in Michelstadt Reliquien erhalten. Zu diesem Zwecke begaben sich Einhards Vertrauter Ratleik und ein Geistlicher Hilduins namens Hunus zusammen mit dem Reliquienhändler von Soissons aus nach Rom. Dort angekommen, suchten sie die Kirche des hl. Tiburtius auf, die neben dem Helena-Mausoleum lag, um in der darunter liegenden Katakombe fündig zu werden. Wie Ratleik in Rom die erhofften Reliquien beschaffte und was danach geschah, darüber schreibt Einhard später in seiner *Translatio*.

Das Motiv für Einhards langatmigen Bericht, der übrigens tiefe Einblicke in seine Denkweise und Ideenwelt erlaubt, war vornehmlich die Abrechnung mit dem Erzrivalen Hilduin. Dabei zeigt Einhard, dass auch ihm die Mittel höfischer Intrige geläufig waren. In harmlos beiläufigem Plauderton gelingt es ihm, die von Hilduin bezüglich des hl. Tiburtius mit dem Reliquienhändler vereinbarte Romfahrt so darzustellen, dass in deren Mittelpunkt nicht Hilduin/Hunus bzw. Tiburtius, sondern Einhard/Ratleik und die Märtyrer Marcellinus und Petrus standen und Hilduin darüber hinaus als Hehler von Diebesgut bloßgestellt wurde, der sich obendrein durch Dummheit selbst entlarvte. Und dass Hilduin die von Hunus während der Heimreise dem Ratleik angeblich entwendeten Reliquienteile nicht schuldbewusst und reuevoll zurückgab, sondern diese sich erst nach längerem Widerstreben für hundert Goldstücke abkaufen ließ, rundet das trübe Bild Hilduins ab, das sich dem Leser der *Translatio* aufdrängt.

Ende 827 kamen Hilduins und Einhards Abgesandte Hunus und Ratleik aus Rom im Frankenreich an. Während die Romreise, folgt man Einhards Version, für Hilduin/Hunus ein glatter Fehlschlag war, konnte Einhard für sich einen spektakulären Erfolg verbuchen, denn Ratleik hatte unverhofft die Gebeine der römischen Märtyrer Marcellinus und Petrus mitgebracht. Hilduin war nun auf dem Feld der Propaganda ins Hintertreffen geraten. Seine Antwort: Die von ihm ›betreuten‹ Reichsannalen, die 826 gerade erst die segensreiche Wirkung der von Hilduin veranlassten Überführung des hl. Sebastian nach Soissons über-

▶ *Deckenfresko mit den hll. Petrus und Marcellinus (unten Mitte) in deren Katakombe.*

▲ *Barocker Reliquienschrein der hll. Marcellinus und Petrus von 1695.*

schwänglich gepriesen hatten, schrieben zu dem Ereignis von 827 nur: »Die Körper der hl. Märtyrer Marcellinus und Petrus wurden aus Rom weggeführt und im Oktober nach dem Frankenland gebracht, wo sie durch viele Zeichen und Wunderkräfte berühmt wurden.« Knapper ging's nicht. Wer? Wie? An welchen Ort? All das ist dem Annalisten nicht der Rede wert.

Einhard hielt sich nach 827 noch regelmäßig am Hofe auf; seinen ständigen Wohnsitz in Aachen scheint er aber aufgegeben zu haben. In seinen Briefen mehrten sich die Anzeichen, dass ihm das Hofleben zunehmend verleidet war. Über den Grund dafür kann man nur spekulieren. Waren es Einhards Erkrankungen (*dolor renium, solutio ventris*) und Altersgebrechen, von denen er schreibt? Resignation wegen der zerfahrenen politischen Lage, seitdem Ludwig 823 aus zweiter Ehe einen Sohn besaß, der in der Erbteilung von 817 nicht vorgesehen war und Ansprüche anmeldete? Gekränkte Eitelkeit, weil Hilduin ihm den Rang abgelaufen hatte und sein Rat nicht mehr gefragt war? Oder kluge Feigheit, weil bei den ständig wechselnden Konstellationen im Familienzwist zwischen Ludwig und seinen Söhnen die Gefahr bestand, aufs falsche Pferd gesetzt zu haben und alles zu verlieren? Jedes einzelne Motiv hätte wohl nicht vermocht, Einhard das Leben im Schatten der Macht zu vergällen. Zusammen aber brachten sie ihn dazu, sich vom Hofe allmählich zurückzuziehen. Welches Gewicht diesen Motiven jeweils beizumessen ist, bleibt dem Ermessen des Historikers überlassen.

Einhard wäre nicht Einhard gewesen, wenn er nicht auch diese Entscheidung in überirdische Sphären gehoben hätte. Denn stets hatte er seine Vorhaben, ja letztlich seine ganze Lebensführung, als von göttlichen Weisungen gelenkt erklärt. Schon in der *Translatio* hatte die plötzliche Erscheinung eines aus dem Nichts kommenden ominösen ›Diakons‹ dafür gesorgt, dass die von Hilduin organisierte Romfahrt, den Erwerb des hl. Tiburtius betreffend, einen nur für Einhard erfolgreichen Verlauf nahm. Auch die im Januar 828 angesetzte Überführung der hll. Marcellinus und Petrus von Michelstadt nach der *villa Mulinheim*, die Einhard seit 815 ebenfalls besaß, erfolgte auf Weisung der Heiligen selbst. Kein Wort darüber, dass wohl der drohende Zugriff der Reichsabtei Lorsch auf die begehrten Reliquien diesen hastigen Umzug auslöste; denn der Ruf dieser im Messkanon genannten Heiligen übertraf den des Lorscher Lokalheiligen Nazarius bei weitem.

So auch jetzt: Um nicht die Ungnade des Hofes auf sich zu ziehen, begründete Einhard sein Fernbleiben von Aachen mit Befehlen der Heiligen, er dürfe nie länger als sieben Tage ihre Ruhestätte in *Mulinheim* verlassen, das aufgrund der zahlreichen dort geschehenen Wunder bald nach 828 ›Seligenstadt‹ genannt wurde. Ihm sei also ein Besuch in Aachen verwehrt, weil allein die Anreise von Seligenstadt dorthin sieben Tage in Anspruch nehme.

Ein weiterer Aspekt machte Einhards ständige Anwesenheit in Seligenstadt noch dringlicher: Marcellinus und Petrus waren laut Einhard die Schutzpatrone Ludwigs und des Frankenreichs. Mehrfach wies Einhard darauf hin, dass die Verehrung dieser Heiligen daher eine staatspolitische Notwendigkeit sei. Denn sie hätten nach Gottes geheimem Ratschluss Rom verlassen, seien eigens zur Erhöhung und zum Schutz des Reiches nach *Francia* gekommen und aus unerfindlichen Gründen bei ihm, dem Sünder Einhard, eingekehrt. Sie seien also Ludwigs gütigste Patrone (*mitissimi patroni*) und könnten erwarten, dass dieser sich durch Unterstützung derjenigen, die sich der Verehrung der Heiligen widmeten, erkenntlich zeige. Geradezu fordernd klingt ein Brief Einhards an den Kaiser, worin er schreibt, die Heiligen würden wohl nur dann an Gottes Thron für ihn, Ludwig, eintreten, wenn dieser ihrem Dienst den Vorrang gebe vor dem Dienst für den Kaiser. Er, Einhard, jedenfalls könne an keinem anderen Ort des Reiches für Ludwigs Wohlfahrt mehr ausrichten als an der Ruhestätte ›seiner‹ Heiligen.

Wie er selbst bekannte, war der Hofdienst für Einhard zu einer ungeliebten, lästigen Pflicht geworden. Nur noch über die Wintermonate, in denen die Reisetätigkeit des Hofes ruhte, hielt Einhard sich in Aachen auf, so im Winter 828/29 und 829/30. Gleichviel, ob nun Ursache oder Folge seiner Abwesenheit von Aachen, selbstgewählt oder erzwungen: Einhard befand sich nicht mehr im Zentrum der Macht, und das gerade zu einem Zeitpunkt, als die Reichskrise zur Entscheidung heranreifte. Die Söhne aus Ludwigs erster Ehe, allen voran Lothar, der seit 817 Mitkaiser war, empörten sich gegen ihren Vater und dessen nachgeborenen Sohn Karl (den Kahlen) aus zweiter Ehe, weil sie ihr Erbteil nicht geschmälert sehen wollten. Auch die führenden Männer des Hofes, unter ihnen der Erzkanzler Hilduin, gingen zur Partei Lothars über, der trotz Einhards Warnungen aus Italien angereist war. Einhard hatte vergeblich gehofft, so den Konflikt zu entschärfen. In Compiègne wurde Kaiser Ludwig von seinen Söhnen Lothar, Pippin und Ludwig gezwungen, dem Thron zu entsagen und seine zweite Gemahlin, die

verhasste Kaiserin Judith, in ein Kloster zu verbannen. Einhard, den Judith nach Compiegne bestellt hatte, erkrankte auf dem Ritt von Aachen dorthin so schwer, dass er, wie er in zwei Entschuldigungsschreiben an das Kaiserpaar schrieb, sich kaum einen Tag im Sattel habe halten und nur mit Mühe per Schiff seine Abtei St. Bavo in Gent erreichen können. So war Einhard bei der von Lothar für den Mai 830 einberufenen Reichsversammlung, die als Palastrevolution endete, nicht zugegen. Auch sonst fühlte sich Einhard über die dramatischen Vorgänge am Hofe schlecht informiert. Dringend brauche er Informationen darüber, was bisher geschehen und was noch geplant oder vorhersehbar sei, bat er einen unbekannten Adressaten im April 830.

Auf dem Reichstag in Nimwegen (Oktober 830) geschah dann der unerwartete Umschwung: Der entmachtete Kaiser wurde rehabilitiert, Lothar versprach künftig strikten Gehorsam, die Empörer wurden abgestraft; der allzu kühne Hilduin musste den Winter in einem Zeltlager bei Paderborn zubringen. Einhard aber, der Termin und Ort des Nimweger Reichstages erst von Dritten hatte erfragen müssen, konnte sich glücklich schätzen, sich von allen Parteiungen ferngehalten zu haben. An den im Jahr 831 stattfindenden drei Reichsversammlungen nahm Einhard offenbar nicht teil, jedenfalls verlautet in den Quellen dazu nichts.

Nur aus der Ferne wollte oder konnte Einhard noch Einfluss auf das Geschehen nehmen, und wieder wählte er himmlische Botschaften. Im Frühjahr 830 reiste sein Vertrauter Ratleik nach Aachen und über-

◀ *Statue des Kirchenpatrons Petrus vor der Westfassade der Seligenstädter Basilika, 1725.*

brachte ihm eine aus zwölf Kapiteln bestehende Botschaft des Erzengels Gabriel, die Einhard in Reinschrift dem Kaiser übergeben solle. Dies geschah. Ludwig »nahm sie an und las sie durch, doch ließ er von dem, was ihm... zu tun befohlen oder angeraten war, nur wenig ausführen«, wie Einhard klagte, der bei seiner ansonsten sehr ausführlichen Schilderung dieses wundersamen Hergangs allerdings das Wichtigste dem Leser vorenthält, nämlich, welche Befehle oder Ratschläge der Erzengel dem Kaiser erteilt hatte. Ein später Nachhall dieses Ereignisses findet sich in den Fuldaer Annalen zum Jahr 874, wo es heißt, Ludwig dem Deutschen sei im Traum sein Vater Ludwig d. Fr. erschienen und habe ihm die Qualen geklagt, welche er im Fegefeuer erdulden müsse. Der Annalist fügte hinzu, dies sei geschehen, weil der Kaiser damals die Gebote des Erzengels Gabriel nicht befolgt habe. Auch einen Brief Einhards hat ein späterer Kopist mit den Worten kommentiert: »Alles, was jetzt in diesem Reiche geschieht, wurde vor zwei Jahren von den Märtyrern [Marcellinus und Petrus] vorausgesagt.«

Welch üble Folgen die Missachtung göttlicher Weisungen für Ludwig selbst und für seine Untertanen haben sollte, offenbarte auch eine zweite Botschaft aus Seligenstadt, die Einhard ebenfalls in Aachen erreichte. Darin heißt es, ein vom Teufel besessenes Mädchen habe ausgesagt, durch es spreche ein Trabant des Satans und Pförtner der Hölle namens Wiggo. Er und elf seiner Genossen dürften nach Belieben Tod und Verderben über das

▶ Statue des Kirchenpatrons Marcellinus vor der Westfassade der Seligenstädter Basilika, 1725.

Frankenreich bringen »wegen der Bosheit des Volkes und ...derer, die über es gesetzt sind.« Gerade die Staatslenker würden täglich Meineid, Völlerei, Ehebruch, Mord, Diebstahl und Raub verüben und niemand wolle oder könne diesem schändlichen Treiben Einhalt gebieten. – Sollte man da nicht vor allem an den Erzkanzler Hilduin denken? Sprach aus diesen Worten nicht die Verbitterung eines Mannes, der seine Machtlosigkeit – ob nun selbstgewählt oder erzwungen – als Kränkung empfand?

Uns Heutigen erscheint die Berufung auf Wunderzeichen als eine recht simple Taktik. Indem Einhard in konfliktträchtigen Situationen bei Bedarf einen *Deus ex machina* auftreten ließ – seien es nun ein Diakon, die hll. Marcellinus und Petrus, ein Erzengel oder ein Trabant des Satans –, stets wollte er den Lauf der Dinge in eine ihm genehme Richtung lenken oder durch sein jeweiliges Medium Dinge sagen, die selbst zu sagen er sich nicht traute, und darüber hinaus die Verantwortung für sein Tun an überirdische Mächte abtreten. Ob er selbst, wie behauptet, ihre Äußerungen für Botschaften und Weisungen himmlischer Mächte hielt, diese Frage gehört zu den Rätseln, die Einhard uns hinterlassen hat.

Einhards letztes Jahrzehnt

Die Rückkehr Kaiser Ludwigs an die Macht im Winter 830/31 und die Amnestie der Empörer, darunter auch Hilduins, führte keineswegs zu einer Beilegung des Konflikts zwischen dem Vater und den Söhnen aus erster und zweiter Ehe. Im Gegenteil, die Zerrüttung des Staatswesens gipfelte 833 schließlich in dem Schuldeingeständnis des Kaisers und der ihm auferlegten Kirchenbuße, die einen formellen Thronverzicht einschloss.

Dass diese beispiellose Demütigung des Kaisers, die von Lothars Partei ausgerechnet in Hilduins Abtei St. Medardus in Soissons inszeniert wurde, auch zur Kenntnis Einhards gelangte, ist anzunehmen. Vielleicht war dieser Triumph seines Rivalen einer der Gründe, weshalb Einhard nun ganz anders als 830 klang: Er wolle, schrieb er einem gewissen F., mit Hofgeschichten (*res palatinae*) verschont werden, weil dort ohnehin nur höchst Unerfreuliches vor sich gehe. Ähnlich äußerte sich Einhard gegenüber dem Trierer Erzbischof Hetti, er könne ihm über die Vorgänge am Hofe nichts berichten, da er selbst von dort keine Nachrichten erhalte und auch keine Lust habe, sich mit unnützen Dingen zu belasten. Einhard hatte mit dem turbulenten Geschehen nach 833, das zu einer erneuten (Schein-)Rehabilitierung des Kaisers führte, nichts mehr zu tun. Nur 836 kam es nochmals zu einer Begegnung mit dem alten Kaiser, als dieser von Frankfurt aus Einhard in Seligenstadt besuchte. Während Hilduin nach seinem zeitweiligen Sturz schon wieder fest im Sattel saß und sogar nach Einschätzung des Mönchs Ermentarius 839 als mächtigster Mann – nach König Karl (dem Kahlen) – im westfränkischen Reich galt, widmete sich Einhard seinen Bauvorhaben, seinen schriftstellerischen Neigungen, der Pflege seiner Freundschaften und der Sorge um seine Klostergründung.

Gebaut hatte Einhard auch schon vor 830. Er hatte 815 wunschgemäß die *villa Michelstadt* von Kaiser Ludwig als Geschenk erhalten. Bereits vier Jahre später übertrug er diesen Besitz dem Kloster Lorsch für den Fall, dass er ohne Leibeserben sterben sollte. Den Grund für diesen für uns unverständlichen Schritt Einhards kennen wir nicht; die Sorge um sein Seelenheil wird dafür wohl nicht allein bestimmend gewesen sein.

▲ *Modell der Steinbacher Einhardbasilika.*

Genauso rätselhaft ist, weshalb er wenig später (um 820) auf dem Grund und Boden, über den er nicht mehr frei würde verfügen können, eine Kirche zu errichten begann, der an architektonischer Raffinesse nichts Vergleichbares an die Seite zu stellen war. Eine dreischiffige Basilika römischen Stils mit drei Apsiden und einer Krypta in dreifach gegliederter Kreuzform mit Zugängen an beiden Flanken, das war in dieser Gegend nicht nur einmalig, es war auch als spätere Grablege Einhards auffallend ambitiös. Gerade so, als hätte Einhard geahnt, dass dereinst neben ihm und seiner Gemahlin auch zwei berühmte römische Märtyrer hier ihre letzte Ruhestätte finden würden.

Umso merkwürdiger ist nun, dass Einhard, nachdem er im Spätherbst 827 Reliquien der hll. Marcellinus und Petrus erhalten und in seiner Basilika ausgestellt hatte, diese bereits nach wenigen Wochen (im Januar 828) eilends nach *Mulinheim* (Seligenstadt) schaffen ließ, obwohl für deren angemessene Unterbringung dort keinerlei Vorsorge getroffen worden war.

Und am allerverwunderlichsten ist das völlige Stillschweigen Einhards über die eklatante Fehlinvestition, als die sich die Steinbacher Basilika kurz nach ihrer Fertigstellung erwies. Heute würde man sie als Neubauruine bezeichnen. Ob sie ab 828 noch irgendeine bestimmungsgemäße Verwendung fand, darüber schweigen die Quellen. 250 Jahre später ist dort von einer Lorscher Propstei die Rede, danach gab es ein Nonnenkloster, ab der Reformation

▶ *Das Innere der Basilika Michelstadt.*

▼ *S. 26/27: Das Äußere der Basilika Michelstadt-Steinbach heute.*

verfiel die Kirche und man nutzte sie als Scheune, die Krypta als Kartoffelkeller. Erst 1873 wurde sie als der erste Großbau Einhards wiederentdeckt. Warum Einhard, der ansonsten alle Unwägbarkeiten und Risiken überdachte, in diesem Falle so völlig danebengriff, gehört zu den Rätseln, die er der Nachwelt hinterlassen hat.

Eines dieser Rätsel ist auch, woher Einhard den Mut, die Spannkraft und auch die finanziellen Mittel nahm, kaum zwei Jahre nach diesem Fehlschlag ein weiteres Großprojekt auf den Weg zu bringen, nämlich den Bau der später nach ihm benannten ›Einhardbasilika‹.

▲ *Krypta der Basilika Michelstadt.*

Diesmal lag sein Kirchenbau nicht in einem abgelegenen Odenwaldtal, sondern am Main, eine Tagesreise von der Pfalz Frankfurt und der Metropole Mainz entfernt. Dass hier andere Dimensionen zu berücksichtigen waren, lag auf der Hand. Denn aufgrund der rasch ansteigenden Zahl von Wallfahrern und Bittstellern musste an diesem Ort die neue Basilika größer sein als die beiden hier bereits vorhandenen Kirchen. Wie es um diese Kirchen bestellt war, auch diese Frage gehört zu den ungelösten Rätseln. Weder über ihr Alter und ihre Lage noch ihre bauliche Entwicklung gibt es verlässliche Kunde und die Ansichten der Fachwelt gehen trotz oder gerade wegen neuerer Grabungen weit

auseinander. Quellenmäßig belegt ist nur, dass Einhard, als er 815 die *villa Mulinheim* erhielt, dort eine kleine steinerne Kirche vorfand und dass 828 eine ›neue Kirche‹ zur Verfügung stand. Hatte Einhard diese erst kurz vorher eilends erbaut oder eine vorhandene erweitert, weil die alte Kirche zu klein war? Oder war sie bereits kurz nach 815 entstanden? War die ältere Kirche die sog. ›Laurentiuskapelle‹, die 1840 einem Schulhausneubau weichen musste, und die ›neue Kirche‹ die spätere Seligenstädter Pfarrkirche? All dies bleibt vorerst ungeklärt.

Einhard hat sich zu seinem letzten (dritten?) Kirchenbau, der ›Einhardbasilika‹, nie geäußert, seine *Translatio*, in welcher er darüber hätte berichten können, war vor Baubeginn bereits abgeschlossen. Nur in vier seiner Briefe, in denen es u. a. um die Einwerbung von Geldern für diesen Bau ging, finden wir ihn als Bauherrn wieder. Das Projekt forderte Einhards ganzen Einsatz, denn mit eigenen Mitteln allein diesen Großbau zu finanzieren überstieg seine Möglichkeiten, selbst wenn ihm zeitweise die Einkünfte von sieben Abteien zuflossen. Er war daher auf das Wohlwollen und die Hilfe des Kaiserhauses angewiesen. Um sich die Beihilfe von Kaiser Ludwig

▲ *Südost-Ansicht der Einhardbasilika in Seligenstadt vom Konventgarten aus gesehen.*

und dessen Sohn Ludwig (d. Deutschen) zu sichern, betonte er ihnen gegenüber die Notwendigkeit, den Märtyrern Marcellinus und Petrus eine würdige Heimstatt zu schaffen, da diese eigens zum Schutz und Wohlergehen des Frankenreichs Rom verlassen und als ihre Schutzpatrone hierher gekommen seien. Die Reichsteilungen, die je nach den aktuellen Machtverhältnissen ausfielen, brachten für Einhards Bauvorhaben unerwartete Risiken. Die Rhein-Main-Gegend, über die bisher Lothar verfügt hatte, war, ohne dass Einhard davon wusste, dem Reichsteil Ludwigs d. Deutschen zugeschlagen worden. In einem Brief vom Sommer 833 bat er Ludwig d. Dt. darum, er möge ihm ein hier gelegenes ›kleines Beneficium‹ solange belassen, bis er, im Augenblick durch Krankheit verhindert, ihm persönlich den Treueid leisten könne. Dass er damit Seligenstadt meinte, ist eher unwahrscheinlich; sonst hätte er wohl erwähnt, dass er es von Ludwigs Vater zum Geschenk erhalten habe. Einhard befürchtete vielleicht, auch seine Seligenstädter Grundherrschaft könne lediglich als ein Lehen betrachtet und ihm bei Unbotmäßigkeit auch wieder entzogen werden. Andere Sorgen kamen hinzu. Einige Bischöfe, die versprochen hatten, einen Teil der Baukosten zu übernehmen, fühlten sich nun an ihre Zusagen nicht mehr gebunden. Diese säumigen Zahler sollte der König nachdrücklich an ihre früheren Versprechungen erinnern. Über den Baufortschritt gibt es nur zwei Briefe Einhards: einen von 834, worin er sich nach der Lieferung von Blei zu Dacheindeckung erkundigt, einen anderen, worin er Backsteine von bestimmter Größe anfordert. Weitere Nachrichten fehlen, auch die Fertigstellung der Basilika ist nicht genau datierbar. Die Bauarbeiten dürften aber bei Einhards Tod 840 im Wesentlichen abgeschlossen gewesen sein.

Als Schriftsteller hat sich Einhard erst nach seinem schrittweisen Rückzug vom Aachener Hof betätigt, also etwa ab 829/30. Sein erstes Werk dürfte die oft erwähnte *Translatio et Miracula Sanctorum Marcellini et Petri* gewesen sein. Sie entstand wohl gleich nach den in dieser Schrift geschilderten Ereignissen. Wenn man die darin geschilderten Vorgänge für bare Münze nimmt, fallen die zahlreichen Ungereimtheiten freilich nicht auf, die Einhard dem Leser zumutet. Selbst der Reliquienerwerb als solcher spielte sich – wenigstens aus Sicht der römischen Kirche – ganz anders ab, als Einhard es schildert: Papst Gregor IV. habe die Reliquien Einhard geschenkt, heißt es sogar noch 1925 in einer Urkunde des Vatikans anlässlich der Erhebung der Seligenstädter Basilika in den Rang einer *Basilica Minor*. Von einem abenteuerlichen Einbruch in die Katakombe an der *Via Labicana* weiß man dort nichts. Über den literarischen oder sachlich-informativen Wert der *Translatio* urteilte der Herausgeber 1887 wenig schmeichelhaft, er habe sie in voller Länge nur wegen des Namens und Ansehens ihres Verfassers in die Quellensammlung der *Monumenta Germaniae Historica* (MGH) aufgenommen; man müsse sich wundern, dass Einhard, der doch ein Mann der Wissenschaft und der Politik gewesen sei, an die meist trivialen Wundergeschichten selbst geglaubt und mit solchem Aufwand für ihre Weiterverbreitung gesorgt habe. Bevor man aber darüber die Nase rümpft,

◂ *Das Innere der Basilika Seligenstadt.*

sollte man zweierlei bedenken: Erstens, dass für Einhard die Reliquienverehrung und der Heiligenkult letztlich immer der Verherrlichung Gottes dienten, denn durch die Lektüre der Wundertaten werde die Seele des Lesenden zum Lob seines Schöpfers (*in laudem sui conditoris*) beflügelt. Und zweitens, dass ohne diesen unerschütterlichen Glauben an Gottes Allmacht und die Wunderkräfte seiner Heiligen auch die großartigen Dome, Kirchen und Klöster nicht entstanden wären, die heute noch die Glanzpunkte unserer Städte und Landschaften bilden.

Einhards Hauptwerk, das er nach 830 vermutlich in Seligenstadt verfasste, ist die Lebensbeschreibung Karls des Großen, die bekannte *Vita Caroli Magni*. Ihr verdankt er den Ruhm, der Begründer der fränkischen Geschichtsschreibung zu sein, der ihm in der Renaissance zuteil wurde, als die Vita Caroli Magni erstmals gedruckt vorlag (1521 in Köln). Aber auch schon im Mittelalter besaßen viele (Kloster-)Bibliotheken eine der rund 120 Handschriften der Karlsvita. Wer sich über Karl den Großen informieren wollte, griff schon damals zu Einhards Klassiker. Aus Einhards Feder stammt auch eine kleinere theologische Abhandlung über die Verehrung des hl. Kreuzes (*Quaestio de Adoranda Cruce*). ›Quaestio‹ bedeutet

▲ *Einhard als Klostergründer (ehemals am Giebel des barocken Portals der Basilika von 1720).*

▶ *Karl der Große und Karl V. in der gedruckten Erstausgabe der ›Vita Karoli Magni‹, 1521.*

›Frage‹ oder ›Problem‹; es ging also um die Frage, was bzw. wen man im Sinn habe, wenn man vor dem Kreuz niederknie und bete. Die Schrift nimmt Bezug auf den damals schwelenden Bilderstreit, der vor allem in Byzanz die Gemüter erhitzte und zur Entfremdung der Ostkirche von Rom beitrug. Gedichte sind von Einhard nicht überliefert. Daher ist es fraglich, ob der sogenannte *Rhythmus Einhardi*, die Leidensgeschichte der hll. Marcellinus und Petrus in Versform (118 Strophen zu je 3 Zeilen) und das Gebetbuch *Libellus de psalmis* zu Recht Einhard zugeschrieben werden.

Unter seinen Freunden nimmt Lupus Servatus (um 806–861?) eine besondere Stellung ein. Der eine Generation jüngere Lupus hatte um Einhards Freundschaft in

▲ Das Seligenstädter Evangeliar, welches zu den ersten Büchern der Sakristeibibliothek des Klosters in Seligenstadt gehört und vermutlich auf Veranlassung von Einhard im Kloster Lorsch geschrieben wurde.

einem wohlgesetzten Brief geworben, nachdem er dessen *Vita Caroli Magni* gelesen hatte und von seinem Abt in Ferrieres um 828 nach Fulda zu Hrabanus Maurus geschickt worden war, um bei diesem seine klassisch-literarische Bildung zu vervollkommnen. Gleichzeitig erbat sich Lupus von Einhard eine Reihe von Schriften Ciceros, die offenbar in Fulda nicht vorhanden waren. Rasch entstand aus der Fachdiskussion über klassische Literatur zwischen beiden eine Art Vater-Sohn-Beziehung. Sie wird greifbar etwa in Lupus' Trostbrief nach dem Tod von Einhards Ehefrau Imma 836 und in der sehr intimen Art, wie Einhard in seiner Antwort darauf einging. Einhard widmete Lupus auch die von ihm gewünschte *Quaestio de Adoranda Cruce*. Lupus besuchte Einhard auch in Seligenstadt (Juni 836), um Handschriften zurückzubringen bzw. auszuleihen und sich mit ihm über unklare Textstellen auszutauschen.

Ob auch Hrabanus Maurus zu Einhards engeren Freunden zählte, ist ungewiss. Das Epitaph, das er nach Einhards Tod 840 schrieb, sowie eine von ihm stammende Versform der *Passio Marcellini et Petri* und ein weiteres Gedicht über diese Heiligen legen das zwar nahe, aber der einzige Brief Einhards an Maurus ist rein geschäftsmäßig; dieser seinerseits hat weder an Einhard geschrieben noch ist eine Begegnung beider verbürgt. Später stand Hrabanus, der von 822 bis 842 Abt des Klosters Fulda und ab 847 Erzbischof von Mainz war, einmal mit Ratleik in Kontakt, der ihn gebeten hatte, ein Martyrologium (Kalender der Heiligenfeste) nach Seligenstadt zu schicken.

Gegen Ende seines Lebens widmete sich Einhard zunehmend der Zukunft seiner Klostergründung, die sich aus der populären Verehrung der Heiligen und dem damit verbundenen Heiligenkult praktisch von selbst ergab. Eine ›Gründungsurkunde‹ gibt es nicht. Der Begriff ›Kloster‹ begegnet uns um 830 in einem Brief Einhards an seine *fraternitas* im *cenobium*. Auch schon in seiner *Translatio* hatte er von ›Klerikern‹ berichtet, die zum Dienst in der Kirche bestellt seien und von Gebetszeiten, also von einem mönchisch geprägten Leben. Einhard, der Laienabt mehrerer Abteien war, wurde später vom Kloster Seligenstadt als sein erster Abt geführt, obwohl er verheiratet und nie geweiht worden war.

Aber bereits vor 836, als seine Gemahlin Imma starb, hatte er in einem Brief an Lupus bekannt, mit ihr nur mehr geschwisterlich zusammengelebt zu haben; erst recht nach ihrem Tod verlor das Diesseits für Einhard jeglichen Reiz. Fortan wollte er nur noch Gott und seinen Heiligen dienen. Das erschien seinen Zeitgenossen so glaubhaft, dass er im Kloster Fontanella (= St. Wandrille, Normandie), dessen Laienabt er von 817 bis 823 gewesen war, sogar am 18. Mai als Heiliger verehrt wird. Als Einhard starb, war seine Stiftung so lebensfähig, dass Ratleik ihm als zweiter Abt des Klosters Seligenstadt nachfolgen konnte.

Hrabanus Maurus widmete nicht nur Einhard, sondern auch Ratleik († 854) einen Grabspruch. Dabei wird sein Bemühen deutlich, darin möglichst viele Anspielungen auf antike Texte unterzubringen, bisweilen auch auf Kosten der leichten Verständlichkeit; meist lieferten Vergil und der spätrömische dichtende Bischof Venantius Fortunatus dem Autor hierzu die Zitate und Stichworte. Konnte man seine umfassende Bildung dezenter vorführen? Einhards Sache war diese Eitelkeit wohl nicht.

Einhard fand seine letzte Ruhestätte in der Krypta seiner Seligenstädter Basilika. Sein Steinsarg ging bei Bauarbeiten des 13. Jh. zusammen mit der Krypta verloren, als Vierung und Chor der Basilika im Stil der Spätromanik neu errichtet wurden. Der damals als Ersatz beschaffte frühgotische Sarkophag (heute im Depot des Schlosses Erbach) stand bis 1722 im Hochchor, musste aber einem barocken Prunksarkophag weichen, der seit 1872 in einem Nebenraum der Basilika, dem ehemaligen Archiv des Klosters, steht. Auf ihm ist u. a. auch die Grabinschrift des Hrabanus Maurus zu lesen.

Wäre Einhard nur einer der Männer am Aachener Kaiserhof gewesen, wie etwa Alkuin, Angilbert, Hildebad, Beornrad, Maginfrid, Helisachar und andere Höflinge, dann wäre sein Name heute nur noch wenigen Fachhistorikern geläufig. Aber der ›Hof‹ war für Einhard mehr als ein Ort bloßer Machtausübung und Günstlingswirtschaft, er war das fruchtbare Feld, auf welchem das wuchs und zur Reife kam, was er später ernten konnte. Ohne den ›Hof‹ hätte Einhard nie die genaue Kenntnis über die Persönlichkeit Karls des Großen erlangt, die ihn in die Lage versetzte, seine *Vita Caroli Magni* zu schreiben. Und ohne den ›Hof‹ und die hier geknüpften Beziehungen hätte er auch nie seine großen Bauprojekte in Michelstadt/Steinbach und Seligenstadt planen und ausführen können. Das literarische und architektonische Erbe Einhards, nicht die gelegentlich bespöttelte Umtriebigkeit und Gewandtheit des kleinen Mannes am

▶ *Barocksarkophag von 1725 des Stifterpaares Einhard und Emma.*

Aachener *Palatium* waren es, die ihn über seine Zeitgenossen erhoben.

So wurde Einhard im Lauf der Zeit auch zu einer legendären Gestalt. In der Sage von ›Eginhard und Emma‹ ist er ein kleiner Schreiber in der Aachener Kanzlei, der sich in des Kaisers Töchterlein Emma verliebt. Von ihr wird diese Liebe erwidert. Da während einer Liebesnacht in Emmas Kammer draußen Schnee gefallen war, hätte man Einhards verräterische Spuren im Hof entdecken können. Daher trug die findige Emma ihren Geliebten auf dem Rücken aus ihrem Gemach.

Unglücklicherweise wurde Kaiser Karl, den wie immer sein Rheuma plagte, am Fenster stehend Zeuge dieser dreisten Aktion. Voller Zorn jagte er das sündige Paar aus dem Palast. Als Jahre später der Kaiser sich einmal auf der Jagd weitab von Aachen im finsteren Forst verirrte, bat er in einer einsamen Köhlerhütte um Stärkung und Nachtlager. Die Hausfrau, die in dem erschöpften Jägersmann ihren Vater Karl sofort wiedererkannte, tischte ihm seine Lieblingsspeise, Eierpfannkuchen, auf. Kaum hatte er davon gekostet, kam ihm seine arme Tochter Emma in den Sinn, die er im Jähzorn einst des Palastes verwiesen hatte; denn nur sie konnte einen solchen Leckerbissen zubereitet haben. Nun erkannte auch er sie wieder, schloss sie in die Arme, versöhnte sich mit ihr und auch mit Einhard und rief jene Worte aus, die in Seligenstadt jedes Kind kennt: *Selig sei die Stadt genannt, wo ich meine Tochter wiederfand.* Einhard aber wurde der Schwieger-

▲ *Emma trägt Einhard aus ihrem Gemach (Brunnenrelief in der Eyneburg bei Aachen).*

◄ *Einhardhaus am Marktplatz in Seligenstadt.*

sohn des Kaisers, und wenn sie nicht gestorben sind...

Hätte Einhard 819 nicht sein Gut Michelstadt dem Kloster Lorsch vermacht, dann wäre diese gemütvolle und herzerfrischende Sage nie in den Lorscher Codex aufgenommen worden und der Nachwelt für immer unbekannt geblieben. Einhard hat also auf zweifache Weise, durch seine *Translatio* und die Sage, der Stadt Seligenstadt zu ihrem schönen Namen verholfen. Daher darf sie sich seit 2020 mit dem Ehrentitel ›Einhardstadt Seligenstadt‹ schmücken.

▲ *Ferdinand Fellner, »Karl der Grosse findet Eginhart und Emma«, 1850.*

▶ *Einhard schaut heimlich aus der Dachluke, ob Kaiser Karl ihm noch zürnt.*

Zeittafel

um 770 Einhard wird als Sohn eines fränkischen Adeligen im ‚Maingau' geboren.

um 780–792 Ausbildung in der Klosterschule Fulda unter Abt Baugulf.

um 794 Einhard kommt auf Empfehlung Abt Baugulfs an den Aachener Kaiserhof.

796 Einhard wird als bekanntes Mitglied der Hofgesellschaft in einem Gedicht genannt. Aachen wird sein Wohnsitz. Dort ist er als Bausachverständiger, Kunstschaffender und Diplomat im Dienste Karls d. Gr. tätig.

806 Einhard reist zu Papst Leo III. nach Rom, um dessen Zustimmung zur geplanten Erbteilung unter Karls Söhne einzuholen.

813 Einhard setzt sich beim Aachener Hoftag für Ludwig d. Fr. als Mitregenten und Nachfolger Kaiser Karls ein.

814 Ludwig d. Fromme entlässt nach erfolgter Übernahme der Macht die meisten Mitarbeiter und Höflinge Karls, nur Einhard kann seine Stellung am Hofe behalten.

815 Einhard erhält von Kaiser Ludwig die Mark Michelstadt i. Odw. und die villa Mulinheim zum Geschenk.

817 Einhard wird 817 Berater Lothars, des ältesten Kaisersohnes.

819 Einhards Rivale am Aachener Hof, der Abt von St. Denis Hilduin, wird Erzkaplan des Reiches, was Einhard in seinem Entschluss bestärkt, sich schrittweise vom Hofleben zurückzuziehen.

um 820 Einhard errichtet in Michelstadt/Steinbach seine erste Basilika. Dazu verwendet er die Einkünfte von sieben Reichsklöstern, denen er als Laienabt vorsteht.

nach 823 Einhards Stellung am Hofe wird durch die Streitereien der Söhne Ludwigs aus erster und zweiter Ehe um die Erbfolge noch schwieriger. Als Vertreter der Reichseinheitspartei gerät er zwischen die wechselnden Fronten.

825–830 Einhard verfasst die Lebensbeschreibung Karls des Großen (Vita Caroli Magni).

827 Romfahrt Ratleiks, des Vertrauten Einhards, um für die vor der Fertigstellung stehende Basilika in Michelstadt/Steinbach Reliquien zu besorgen. Deren Ankunft im November 827.

828 Januar Einhard überführt die Reliquien nach Mulinheim und kehrt nach Aachen zurück, wo er vom Diebstahl eines Teils der Reliquien durch Hunus, den Vertrauten Hilduins, erfährt.

828 Juni Einhard kauft Hilduin die gestohlenen Reliquien ab und bringt sie nach Mulinheim. Dort geschehen am Grab der Märtyrer Marcellinus und Petrus zahlreiche Wunder, die Einhard in seiner Schrift ‚Translatio et Miracula...' beschreibt. Mulinheim nimmt den Namen ‚Seligenstadt' an. Ein Kloster entsteht.

830 Schwere Krise des Frankenreichs wegen der strittigen Erbfolge. Vergebliche Vermittlungsversuche Einhards zugunsten der Reichseinheit.

ab 830 Einhard erbaut in Seligenstadt eine zweite Basilika, wo er seinen ständigen Wohnsitz nimmt.

833 Entmachtung Kaiser Ludwigs durch Lothar, baldige Rehabilitierung des Kaisers. Lothar huldigt ihm.

836 Kaiser Ludwig besucht Einhard in Seligenstadt. Tod von Einhards Ehefrau Imma, die 815 erstmals erwähnt wird.

840 Einhard stirbt am 14. März.

Darstellung aus einer Handschrift der »Translatio ss. Marcellini et Petri« von Einhard.

Literaturliste

Esselborn, K., Einhards Leben und Werke, Darmstadt 1927, dort (S. 4f.) auch die ältere Literatur bis 1927, ders., Die Übertragung und Wunder der Heiligen Marcellinus und Petrus, Darmstadt 1977 (Nachdruck der Ausgabe von 1925 mit der neueren Literatur bis 1977, Histor. Verein für Hessen), Schefers, H., Einhard, Ein Lebensbild aus karolingischer Zeit, in: Geschichtsblätter Kreis Bergstraße Band 26, Heppenheim 1993, Nachdruck der Einhard-Arbeitsgemeinschaft. Dort auch die gesamte einschlägige Literatur zu Einhard bis 1993, Schefers, H. (Hrsg.), Einhard. Studien zu Leben und Werk, Band 1, Darmstadt 1997, Einhard-Gesellschaft e. V. (Hrsg.), Einhard, Translation und Wunder der Heiligen Marcellinus und Petrus (Acta Einhardi, Bd. 2), Seligenstadt 2015, dies., Einhards Briefe, Kommunikation und Mobilität im Frühmittelalter (Acta Einhardi, Bd. 3), Seligenstadt 2018, Schefers, H. (Hrsg.), Einhard – Leben und Werk, Band 2, Regensburg 2019.

Dieser Band wurde gefördert mit freundlicher Unterstützung durch die Einhard-Gesellschaft Seligenstadt e. V., die Stiftung Laube Seligenstadt und die Stadt Seligenstadt.

Vordere Umschlagseite: Einhard schreibt das Leben Karls des Großen. Buchmalerei des 14. Jh. in einer Handschrift der ›Grandes Chroniques de France‹.

Rückwärtige Umschlagseite: Chr. W. Kehrer. Die Michelstädter Einhardbasilika um 1820 mit fehlendem Seitenschiff und schadhafter Ostapsis.

Text: Dr. Manfred Schopp.

Fotos: S. 1, 3: Paris, Bibliothéque Nationale de France, Ms. Français 2813, fol. 85v, akg-images; S. 6: E. Schittenhelm (stock.adobe.com); S. 7, 14/15: Domschatzkammer Aachen; S. 8/9: Paris, Bibliothéque Nationale de France, Ms. Français 10440, fol. 45, akg-images; S. 11: © Valentina.desantis, CC BY-SA 3.0, via Wikimedia Commons; S. 17: Einhard-Gesellschaft Seligenstadt; S. 18: Uwe Dettmar, Frankfurt; S. 20, 21, 37: Mathias Neubauer, Seligenstadt; S. 23, 29, 38, 41: Dr. Manfred Schopp; S. 24/25, 26/27, 28, 44: Roman von Götz, Dortmund; S: 30: Ilhan Balta (stock.adobe.com); S. 32: Frank Wagner (stock.adobe.com); S. 33: gemeinfrei; S. 34/35: Universitäts- und Landesbibliothek Darmstadt, Hs 1957; S. 40: Städel Museum, Frankfurt a.M., Inventarnr. 6566; S. 42: Metz, Bibliothéque Municipale, Ms. E 99 (306), fol. 75r, saec. X, Einhard-Gesellschaft Seligenstadt.

Reihe »Hagiographie/Ikonographie/Volkskunde«/Biografien, Bestell-Nr. 40155

1. Auflage 2023

© VERLAG SCHNELL & STEINER GMBH

Leibnizstraße 13 · D-93055 Regensburg
Telefon: +49 941 78785-0
Telefax: +49 941 78785-16
info@schnell-und-steiner.de

Gesamtherstellung
Schnell & Steiner GmbH, Regensburg.
Nachdruck, auch auszugsweise, verboten.

ISBN 978-3-7954-8077-6

Weitere Informationen zum Verlagsprogramm erhalten Sie unter:
www.schnell-und-steiner.de